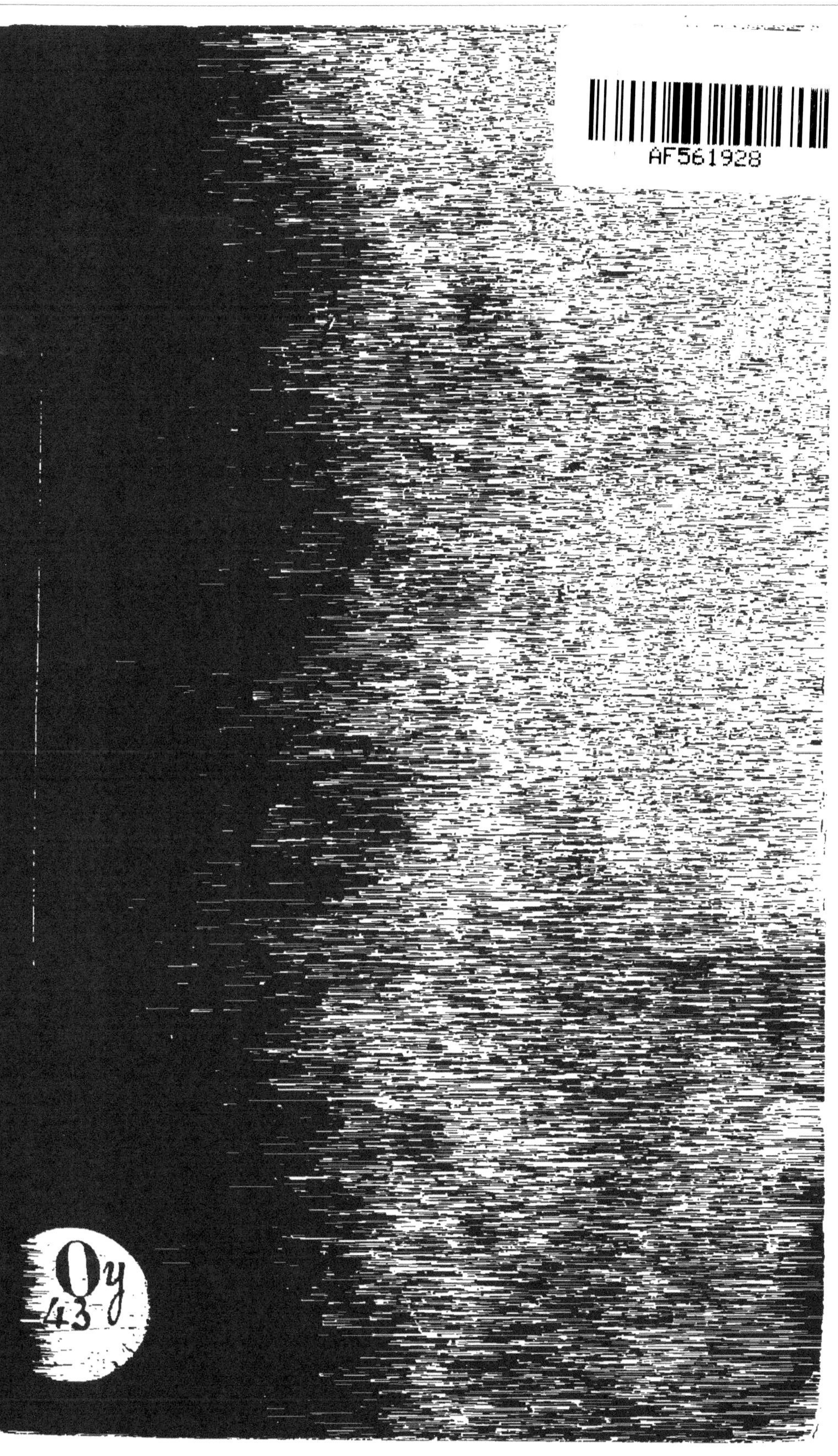

LISBONNE

ET

LES PORTUGAIS.

LISBONNE

ET

LES PORTUGAIS;

PAR OLLIVIER DE LA BLAIRIE,

Chef de bataillon, Chevalier des ordres de Saint-Louis et de la Légion-d'Honneur.

PARIS,

CHEZ { CORRÉARD, LIBRAIRE, PALAIS-ROYAL, GAL. DE BOIS.
ET TOUS LES MARCHANDS DE NOUVEAUTÉS.

1820.

LISBONNE

ET

LES PORTUGAIS.

JAMAIS je n'oublierai le vif sentiment de surprise et de plaisir dont je fus frappé à l'aspect de Lisbonne, en l'apercevant du sommet d'une montagne qui s'élève entre cette ville et Setubal où je venais de débarquer.

Non, jamais plus beau spectacle ne s'offrit à la vue d'un mortel : je m'arrêtai transporté d'admiration. C'était vers la mi-mars 1805 : la nature présentait l'aspect du mois de mai en France ; la plus douce température régnait dans l'atmosphère. Je voyais Lisbonne dans le lointain, et le Tage plus rapproché roulait ses eaux sinueuses vers cette cité. Au-delà, ce fleuve se perdait dans l'immensité de l'océan. A mes pieds s'élevaient des bois d'orangers dont chaque arbre formait un dôme impénétrable aux rayons du soleil, et les fleurs dont ils étaient surchargés laissaient à peine distinguer leur vert feuillage ; on eut dit des espèces de tentes jaunes disposées pour un camp. Ces plantations étaient entrecoupées de vignes et de champs enclos de haies d'aloës, dont les tiges hautes de vingt à trente pieds, et terminées en boules couronnées de fleurs blanches, étaient un objet curieux pour celui qui ne connaissait que les aloës de serres de nos climats septentrionaux. Le palmier, le mûrier, le cyprès, des haies de grenadiers, des bouquets de lauriers, de myrtes et de jasmins embellissaient ce nouvel Eden et embaumaient l'air de leurs doux parfums.

Salut, charmante Lusitanie, m'écriais-je dans mon enthousiasme, terre de promission, patrie du Camoëns ; salut, fleuve célèbre, bientôt j'étendrai mes membres fatigués dans ton onde salutaire, porte ton or dans les plus profonds abîmes de la mer; ensevelis-y ce vil métal, source d'esclavage, de crimes et de misère ; ces fruits rafraichissans, ces champs fertiles, ces vignes fécondes, ces fleurs embaumantes, voilà les vrais trésors de la nature, et les seuls que pour leur bonheur les hommes eussent jamais dû connaître. Salut, cité fameuse par tes malheurs et par ces marins intrépides, ces mortels audacieux sortis de ton sein pour aller à la recherche de nouveaux mondes. La nature ingrate et marâtre fait l'homme injuste, égoiste et méchant; sous un climat si doux, si voluptueux; sur un sol si productif et qui ne laisse rien à désirer, dans ce jardin des Hespérides que Cérès, Flore et Bacchus ont comblé de tous leurs dons, les hommes doivent être justes, humains et bons. Fixons-y donc notre séjour, et secouons le joug des passions funestes à notre repos; abjurons pour jamais les folies du jeune âge, et ne cherchons plus le bonheur que dans le sein de la vertu.

. . . . *semita certe*
Tranquillæ per virtutem unica vitæ.

Loin de moi aussi les amours passagères; fidélité, constance seront dorénavant mes seules divinités; ici je trouverai une femme charmante et douée de toutes les qualités dont le cœur sera fait pour le mien; nous ne vivrons que l'un pour l'autre; et dans ces climats délicieux, nos jours tissus de soie s'écouleront dans un doux enchantement sous l'aîle de l'amour et de l'innocence.

Ainsi s'égarait mon imagination, tous mes sens étaient plongés dans le ravissement. Mais, hélas! l'illusion fut de courte durée; à peine étais-je entré à Lisbonne que le vice, la corruption des mœurs, et tous les maux enfans d'une nature perverse et d'un gouvernement despotique et oppresseur se présentèrent de toutes parts à mes yeux, et sous des formes plus hideuses encore que dans aucune autre métropole de l'Europe.

CHAPITRE II.

Lisbonne de même que l'ancienne Rome, est bâtie sur sept collines. On y compte environ deux cents cinquante mille habitans, et son étendue est d'à peu près un tiers moindre que celle de Paris. La plupart des maisons dans quelques quartiers, et tous les couvens dont le nombre est infini, possèdent des jardins spacieux, et l'on peut, je crois, attribuer à cette cause la disproportion qu'offre sa grandeur et sa population.

Cette ville s'accroit et s'embellit sensiblement tous les jours; on a remarqué que depuis six ans elle s'est agrandie d'un sixième. On y aperçoit encore en beaucoup d'endroits les funestes effets du tremblement de terre de 1755. Les Portugais, grâce au marquis de Pombal, ont fait tourner ce malheur d'un moment en un bien durable et permanent. Toutes les rues qui ont remplacé celles que détruisît cet épouvantable phénomène sont larges, tirées au cordeau et bordées de superbes trottoirs. Mais malheureusement ces rues si belles sont remplies d'immondices et d'ordures qui choquent au dernier point la vue et l'odorat des passans, et sur tout des étrangers du Nord qui sont un peu plus propres chez eux. On y voit des chiens, des chats morts, et jusqu'à des mules crevées, foulés aux pieds et sous les roues des voitures, sans que la police ou les habitans se donnent la peine de leur donner *les honneurs de la sépulture.* Il est vrai que l'air y est si pur et le soleil si ardent en été, qu'en moins de vingt-quatre heures, ces charognes se sèchent et ne donnent aucune odeur; malgré cela ce sont toujours de fort désagréables rencontres. La ville est remplie d'une multitude de chiens vagabonds, sans maîtres, sans domicile ni carte de sûreté, ni permis de séjour, qui errent par troupes nombreuses sur les places et dans les rues, qui y couchent, y prennent leurs ébats, y font leurs petits, et ne vivent que des immondices que l'on jette par les fenêtres, et en cela ils acquièrent des droits à la reconnaissance des habitans en ce qu'ils font l'office de balayeurs. J'ai vu très-souvent jusqu'à des vaches et des chèvres qui s'y nourrissaient du rebut des légumes.

Peu de maisons possèdent des latrines et tout passe par la fenêtre. Il est défendu sous peine d'amende de délivrer sa maison du superflu odorant avant dix heures du soir, heure à laquelle on suppose apparemment que tout habitant honnête doit être rentré, et l'on doit crier trois fois : *agna va* (gare l'eau) avant de lâcher le contenu du vase, mais comme l'un n'est pas mieux observé que l'autre, et que d'ailleurs le moindre bruit qui règne dans la rue ne permet guères d'entendre *l'agna va* d'une vieille coquine enrhumée, grimpée dans une mansarde, à chaque instant du jour et de la nuit, vous êtes exposé à être coiffé d'un pot de chambre.

Il y a quelque temps que les rues de Lisbonne ne vous offraient pas plus de sûreté pour la vie que pour la propreté de vos habits; souvent dans une seule nuit on y comptait cinq et six personnes assassinées. Cependant depuis la formation de la garde royale de police et l'établissement des réverbères, les meurtres y sont devenus beaucoup moins fréquens. Tout homme arrêté la nuit par les patrouilles portant un couteau sur lui, était remis entre les mains de la police. Lisbonne doit beaucoup au régiment de la garde de police dont un grand nombre d'officiers étaient Français.

Le peuple y est généralement sanguinaire et méchant, mais en revanche les tribunaux y sont doux et indulgens. Un premier assassinat ne s'y punit ordinairement que par l'exportation au Brésil, d'où le condamné revient aisément lorsque l'air du pays ne lui convient pas ou s'il n'y trouve pas l'occasion d'exercer ses talens. Pendant près de trois ans que j'ai résidé à Lisbonne, on n'y a pendu qu'un seul individu et je mets en fait que plus de cinq cents se sont mis dans le cas de l'être, et l'auraient été dans tout autre pays. Celui-ci avait déjà été transporté une fois au Brésil pour meurtre, et il ne fût livré à la corde qu'après avoir poignardé et dévalisé en arrivant à Lisbonne, le capitaine qui l'avait clandestinement et *charitablement* ramené d'outre-mer.

Les grands se font un titre d'honneur de solliciter la grâce d'un coupable, plus il a commis de crimes, plus ses forfaits sont grands, et plus il y a de gloire à le sauver. C'est vraiment un lustre pour une famille de pouvoir citer un de ses membres qui ait sauvé un bandit de la potence : triste renversement d'idées qui rend honorable et glorieuse la protection accordée au crime !

Un jeune homme de vingt ans assassina son père tandis que j'étais à Lisbonne. Voulant épouser une demoiselle dont il était épris, et trouvant son père contraire à ses vœux, il l'attendit un soir au pied de son escalier armé de deux poignards. Frappé d'un premier coup, le père eût néanmoins la force de lui arracher l'arme de la main, mais d'un coup du second poignard, il fût étendu sur le carreau. Cet infortuné n'eut que la force de dire aux personnes accourues à ses cris qu'il avait été attaqué par un voleur, et il expira à l'instant même, heureux encore d'ignorer en mourant qu'il périssait de la main de son propre fils.

Une petite sœur de ce monstre ayant entendu monter quelqu'un dans les mansardes, la garde y fut et trouva l'assassin ayant encore en main le poignard dégoutant du sang de son père. Les circonstances ne lui laissaient aucun moyen de dénégation ; il s'avoua coupable, et peu après il fut condamné à la mort des parricides. Un charitable fidalgo ne laissa pas échapper une si belle occasion de *s'illustrer par une bonne œuvre ;* il sollicita la grâce de cet honnête garçon, et l'obtint d'autant plus aisément que le coupable appartenait à une famille honnête. La peine fût commuée en déportation au Brésil.

Le bon fidalgo se trouva trompé néanmoins dans sa douce espérance, en croyant sauver cet intéressant jeune homme de mort violente. Le destin plus puissant que tous les fidalgos du monde en avait décidé autrement : à peine fut-il en mer qu'il tua d'un coup de couteau un homme de l'équipage du bâtiment qui le transportait à sa destination ; par malheur pour lui il n'y avait point là de fidalgo pour le sauver, et les matelots hissèrent de suite cet enragé à la grande vergue.

Les fidalgos de haut parage peuvent à l'abri de leur noblesse commettre impunément les actes les plus arbitraires et les injustices les plus criantes, et l'on doit leur rendre la justice qu'il en est peu qui ne fassent un ample usage de cette agréable et douce prérogative. Ils s'environnent par une ridicule vanité d'une quantité innombrable de valets qu'ils ne nourrissent ni ne payent; et cette inutile séquelle est obligée de faire tous les métiers pour exister, au nombre desquels la contrebande (1) est

---

(1) Les Anglais, peuple de l'Europe qui, sans contredit, entend le mieux les intérêts commerciaux, accaparaient entièrement le commerce du pays et en pompaient toutes les richesses ; mousselines, indiennes, perkales, tout venait d'Angleterre et s'introduisait en grande partie par la contre-

un des plus honnêtes. En s'engageant au service d'un grand, un domestique compte moins sur des gages que sur le privilége d'exercer impunément ses brigandages et ses rapines sous l'aile protectrice de son patron. Une coutume qui paraîtra singulière

---

bande. A l'arrivée de chaque paquebot une nuée de juifs et d'anglaises y faisaient une descente ; celles-ci doublaient leurs jupes de perkale, et le maigre fils de Jacob se donnait un ventre de cotonnade. La surveillance des gardes se laissait d'ailleurs endormir aisément par quelques pièces de métal. Les trois quarts du vin d'Oporto s'exportaient en Angleterre, et ses habitans altérés loin de se contenter de cette portion en consommaient trois fois plus encore qu'ils n'en exportaient. On peut vraiment considérer le Portugal comme une espèce de colonie anglaise que la métropole exploite à son profit.

Le gouvernement portugais ne prendra-t-il pas enfin une direction plus sage et plus conforme aux intérêts de la nation. Pourquoi ne pas établir des manufactures indigènes, pourquoi ne pas encourager l'industrie des habitans au lieu de les laisser croupir dans la paresse, l'ignorance et la misère? Les lois du commerce doivent être basées sur des intérêts mutuels et égaux, et l'on ne pourrait qu'applaudir à l'activité britannique si elle se dirigeait sur ce principe; mais cette nation insatiable devient des frélons dans une ruche partout où elle s'établit. Enfin le jour de la rétribution semble s'approcher; si les Anglais perdent leur domination sur le Portugal; si la Russie, dont l'ambition commence à percer le voile dont elle s'est environnée jusqu'ici, se fraye une route militaire dans l'Inde après s'en être faite une commerciale, on peut prédire à la fière Albion une chute prochaine.

(*Note postérieure à l'Ouvrage.*)

aux Français, c'est de faire un petit présent ou plutôt une aumône au portier lorsque vous dînez chez son maître ou même en lui rendant visite.

Ne serait-il pas possible de fixer par des loix à un prix plus élevé le travail consacré à l'agriculture? pouvant alors suffire à ses besoins et jouir de quelque douceur dans son pénible état, le paysan resterait dans les lieux qui l'ont vu naître au lieu de venir dans nos villes se mettre à la solde des vices des hommes puissans et corrompus; témoins journaliers des infâmies de leurs maîtres, ils ne sortent d'une pareille école que pour alimenter la troupe des *preux* de prostituées, ou pour se joindre à celle des fripons et des escrocs.

Aucun peuple n'est aussi grossier, ni aussi sale en paroles et en actions que celui de Lisbonne. On ne peut mettre le pied dans la rue sans que les yeux et les oreilles ne soient choqués de gestes et de propos qui, partout ailleurs, feraient rougir les fronts les plus aguerris. Il n'y a pas de gens non plus qui se disputent plus souvent et plus bruyamment. Deux Portugais se prennent de paroles pour une misère; à l'instant ils s'échauffent, jurent, jettent feu et flamme, et semblent aussi enragés et furibonds que deux sangliers blessés. Un étranger croirait qu'une semblable fureur ne peut s'eteindre que dans la dernière goutte du sang de l'un des deux, et qu'ils vont finir leurs jours comme Etéocle et Polinice. La querelle dure de cette manière, jusqu'à ce que la voix leur manque et qu'ils aient épuisé le dictionnaire des injures; alors ils se séparent de guerre lasse, chacun attribuant à sa magnanimité et à sa grandeur d'âme naturelle la grâce qu'il fait à l'autre de la vie. Qu'aurait pensé de gens semblables Paterculus, historien Romain, qui disait qu'il valait mieux omettre des choses nécessaires que d'en dire de superflues.

Pendant le carnaval, la canaille y jouit des mêmes droits, et de plus grands encore, qu'autrefois les esclaves à Rome, durant les Saturnales. Non-seulement on peut vous accabler impunément de toutes les injures possibles, mais on vous écrase d'oranges pourries, on vous jette des seccaux d'eau sur la tête et l'on vous lance des paquets de poudre aux yeux et sur vos habits, sans qu'il vous soit permis de vous plaindre, car quelle que soit l'origine de ce debordement effréné, consacré par un long usage, il est, pour ainsi dire, autorisé par la loi. Les dames de qualité mêmes s'amusent comme les autres à ce joli jeu, et prennent un plaisir indicible à vous seringuer de leurs fenêtres; enfin l'insolence le dévergondage et la *cochonnerie* sont tellement à l'ordre du jour, et exercent un tel empire dans les rues de Lisbonne pendant les trois derniers jours de la semaine sainte, qu'il est impossible de s'y montrer sans être aveuglé, inondé, conspué et vilipendé, et sans faire le sacrifice d'un habillement complet : amusement digne sans contredit de la délicatesse de sentimens et de la propreté du peuple chez lequel il se pratique!

Les Portugais modernes ont conservé lès vices de leurs ancêtres et dégénéré dans leurs vertus. On les accuse, et non sans raison, de mauvaise foi, de trahison, d'une orgueil insupportable et surtout d'une fureur aveugle pour la vengeance. Selon Manoel de Faria, écrivain Portugais estimé, un orgueil universel forme le caractère distinctif de sa nation. Le roi, dit-il, veut être adoré comme un dieu, la noblesse réclame les mêmes hommages et le même respect que le souverain, la bourgeoisie veut être considérée comme la noblesse, la populace comme la bourgeoisie. Ces hautes prétentions n'empêchent nullement néanmoins les grands personnages de se traiter fort cavalièrement dans leurs discussions, et les petits de la manière la plus infâme et la plus brutale, tant il est vrai que tous les contraires se réunissent dans le cœur humain.

La maladie v..... est presque générale dans le pays; il n'existe peut-être pas un quart des indigènes qui n'en ait été atteint, ou qui du moins n'ait fait connaissance avec quelques branches de la famille; mais comme ce genre de maladie n'y porte point à beaucoup près des caractères aussi dangereux que dans nos climats septentrionaux, on s'en inquiète assez peu. De même qu'en Italie on n'attache aucune honte à en être attaqué; et souvent vous entendez, même devant des femmes, donner des détails *intéressans* sur les symptômes facheux ou favorables qu'elle présente. Je puis assurer que les prêtres et les moines ne sont pas plus exempts de cette *bagatelle*, ni plus réservés en en parlant que les autres.

CHAPITRE III.

Sous le rapport physique, aussi bien que sous celui du moral, la nature a été peu indulgente envers le Portugais. Il est incontestablement le plus laid de tous les peuples de l'Europe, les Lapons seuls exceptés. De même que ceux-ci, il est de petite stature et mal bâti. Son teint tire sur la couleur de parchemin, et son regard et sa physionomie portent un caractère remarquable de perfidie et de férocité; et malheureusement chez la plupart d'entre eux, ces apparences ne sont point trompeuses. (1)

Ce qui me surprend *et me choque même*, c'est de voir de semblables personnages possesseurs des plus jolies et des plus attrayantes femmes du monde. Elles semblent réellement appartenir à une autre race, tant elles diffèrent de nature. En général, leur taille est moyenne, petite même; mais elles

(1) Quoique généralisant mes tableaux en parlant de la nation portugaise, on doit penser que je suis loin de ne pas admettre de nombreuses exceptions. Les vertus sociales ne sont entièrement exclues d'aucun pays.

sont faites dans la perfection, leurs jambes et leurs pieds sont moulés, et leur démarche est pleine d'élégance et de grâces. Leurs traits sont réguliers, et de grands yeux noirs remplis de la plus douce expression, promettent la volupté et tiennent parole. La teinte un peu rembrunie de leur peau n'ôte rien à leurs charmes. Quoique leur éducation soit ordinairement un peu négligée, elles savent rendre leur conversation agréable par une aimable vivacité et le désir de plaire.

Retenues à la maison par la jalousie des maris, sentiment invétéré dans la nation, les femmes au-dessus du commun, paraissent peu au-dehors, on ne peut donc guères jouir de la vue du beau sexe qu'à l'église, ou aux fenêtres où les pauvres recluses passent de tristes et longues journées à maudire leur captivité et leurs jaloux, et à jouer une stérile pantomime avec leurs amans.

Plus il est difficile de parler à sa belle, et mieux on met le temps à profit lorsque l'on parvient à l'approcher. Si vous avez le bonheur de plaire, vous pouvez compter qu'elle recherchera un entretien secret avec la même ardeur que vous ; et comme le langage des yeux et des doigts, langage poussé jusqu'à la dernière perfection dans le pays, a suffisamment expliqué la tendresse et les desirs mutuels, il ne vous reste plus qu'à fournir les preuves matérielles de vos sentimens.

Les dames ne marchent jamais de front dans les rues, mais sur une seule file, et je dirais comme une troupe d'oies sauvages, s'il était permis d'user d'une telle similitude en parlant du sexe. La plus jeune ouvre la marche, et le reste de la famillé la suit par rang d'âge. Les mamans prennent la queue et les négresses ou domestiques forment l'arrière-garde. La crainte des correspondances clandestines a probablement fait adopter cet usage : mais c'est en vain, mères soupçonneuses, que vous mettez vos besicles pour surveiller vos filles et éloigner l'amour d'elles, le dieu malin se rit de vous et vos filles mettent vos précautions en défaut, comme vous y mîtes jadis vous-mêmes celles de vos mamans.

Les élégantes de la bourgeoisie relevent leur robe de manière à laisser apercevoir un gland d'or ou d'argent qui pend à leurs jarretières et qu'elles laissent descendre un peu bas dans ce dessein. Une capote est de nécessité absolue lorsqu'elles sortent, de même qu'un manteau jadis pour les Espagnols, qui seraient plutôt sortis sans culotte. Ces capottes qui semblent un vêtement assez extarordinaire dans une contrée aussi chaude, ont à peu près la forme d'une robe de chambre. Quelquefois on passe un bras dans une manche, et plus souvent on les jette négligemment sur les épaules en laissant les manches flottantes. Celles de drap écarlate sont les plus recherchées. Quant aux personnes d'une condition plus relevée, elles suivent, autant que possible, les modes françaises.

Quel sentiment de compassion n'éprouvais-je pas

pour ces pauvres malheureuses, lorsque je les considérais languissamment appuyées sur leurs croisées! Qu'elles sont différentes et variées, me disai-je, les coutumes de ce monde par rapport à ce sexe généralement doux, aimable et sensible, et presque partout victime de la force brutale et du pouvoir arbitraire et vexatoire de l'homme, de l'homme qui leur doit les tendres soins que demanda son enfance mille fois plus précieux que la vie. Un Banian, lorsqu'il se marie, conduit sa femme à un honnête bramine pour être déflorée; et s'il va en voyage, c'est encore le bon et complaisant bramine qu'il prie de remplir en son absence les fonctions conjugales. Les bramines Européens sont plus charitables encore, car pour s'acquitter de cette besogne, ils n'attendent point que les maris s'absentent et les prient de les remplacer. Dans quelques contrées, on regarde le premier ouvrage comme une corvée indigne d'un *gentilhomme*, au contraire de nos seigneurs laïques et religieux de l'Europe féodale, véritables ogres de virginités, et c'est en conséquence par un valet ou un esclave, ou même par la statue de pierre ou de bois d'un dieu ou d'un saint du pays qu'il font performer cette opération. En Asie, on vend les femmes comme des génisses, et pour s'assurer de leur chasteté, on les claquemure et on les met sous la garde de nègres chaponnés. Chez les Chiquites, peuples de l'Amérique méridionale, pendant les maladies épidémiques qui sont fréquentes chez eux, on met une femme à mort, ces peuples étant persuadés de même que nos vénérables pères de l'église, que les femmes sont la cause de tous nos maux. En Italie, quelques personnes se servent, dit-on, d'une ceinture cadenacée pour s'assurer de leur vertu. En Angleterre, un cordonnier devant s'absenter pendant quelques jours, n'imagina rien de mieux pour empêcher la sienne de..... parler, que de lui coudre, bon gré malgré, la..... bouche avec son ligneul; idée sublime! et vraiment digne d'un cordonnier anglais. Cette coutume semble même prendre faveur dans l'île Britannique; on dit que plusieurs lords d'une haute réputation l'ont déjà adoptée; et il en résultera probablement moins de procès deshonorans et scandaleux parmi les grands personnages du pays.

Quoiqu'on se soit un peu relâché en Espagne et en Portugal des précautions que l'on prenait autrefois à cet égard, et que les maris devenus plus raisonnables, ne traitent plus leurs femmes comme les Sarrasins et les Maures, la liberté du sexe est néanmoins limitée dans des bornes très-étroites. Il y est toujours veillé de très-près, et les dames ne sortent guères sans être accompagnées de duègnes ou surveillantes.

Combien mes belles compatriotes ne doivent-elles pas bénir la providence de les avoir fait naître sur le sol français. Là, Mesdames, vous n'avez point à craindre d'être vendues, emprisonnées, cadenacées, cousues, livrées à des dieux de pierre, régentées par de vilains chapons de Négritie ; nous sommes trop sages, trop civilisés et trop galans pour traiter ainsi la plus aimable partie du genre humain : là, vous régnez en souveraines, et du trône à la houlette, vous ne trouvez que d'humbles esclaves ; vous pouvez vous y permettre fredaines et escapades, et grâces à la justice d'un ministre, faire renfermer un mari qu'une trop grande sensibilité à l'os temporal rend quinteux et maussade. Enfin, pour tout dire en un mot, c'est là qu'a pris naissance le véridique proverbe : être co..... n'est rien quand on ne le sait pas, et c'est fort peu de chose quand on le sait ; au fait, comme le dit un autre non moins sensé, en parlant de cette petite affliction de l'humanité : beaucoup en vivent, aucun n'en meurt.

CHAPITE IV.

Le jeu, le spectacle et les combats de taureaux forment les diversions des Portugais. La promenade publique de Lisbonne est fort agréable ; les allées en sont bordées de hautes murailles de charmilles, ce qui entretient une fraicheur vraiment nécessaire sous un ciel aussi ardent. Elle est cependant aussi déserte pour l'ordinaire que le désert du Saara, et l'on n'y voit guères que des étrangers, ou quelques figures désœuvrées, allongées et sourcilleuses comme celles de nos joueurs malheureux qui dînent en expectative dans le jardin du Palais-Royal. Cette ville ne renferme aucuns lieux de plaisir et de gaîté tels que Tivoli, Rugieri et nos autres lieux de réunion d'été et d'hiver.

Il y a trois théâtres dans Lisbonne même, et un autre à Belem, espèce de faubourg qui sétend jusqu'à une lieue de la ville en descendant le Tage.

Avant de parler du théâtre Portugais, je vais me permettre un petit mot sur celui d'Espagne; au surplus l'histoire de l'un est à peu près l'histoire de l'autre, car l'art dramatique est resté chez ces peuples dans un égal état d'enfance, et je suis persuadé qu'il n'y fera de progrès que lorsqu'il sera permis d'y figurer sur le théâtre la pendaison d'un grand inquisiteur.

Je me rappellerai toute ma vie la représentation d'un fameux opéra de Calderon à laquelle j'ai assisté à la corogne, intitulé Samson. Le héros d'Israël, le chef orné d'une longue tignasse rousse ne ressemblait pas mal à Brunet dans le désespoir de jocrisse, il performa sur le théâtre tous les hauts faits qui l'ont rendu célébre dans l'écriture sainte, tels que l'enlèvement des portes de Gaza, la prise des renards, l'embrasement des moissons des Philistins, etc. Son air bouffon, ses jestes burlesques me firent penser d'abord que l'on nous donnait une parodie ou une farce; et l'imperturbable sang froid seul des spectateurs me tira de mon erreur. Chacun prêtait aux extravagances de ce forcené une oreille aussi attentive que nous aux chefs d'œuvres de Corneille et de Racine: l'on considérait le ridicule combat à coup de machoire d'âne, e ravage de cet instrument *militaire* sur l'occiput Philistin, et la mort du juif Samson de l'œil dont nous regardons le combat des Horaces et la mort de César.

Lorsque l'amant de Dalila leva la tête du giron de sa belle, tondu comme un enfant de chœur, et montrant une face à faire rire un Anglais même, la sensibilité féminine se trouva excitée au dernier point: des sanglots retentirent dans la salle, et quelques dames tirèrent leurs mouchoirs pour cacher leurs larmes et leur émotion.

Au moment où ce M. de la Rancune ayant recouvré sa force avec son poil, se disposait à tirer une *sainte* et éclatante vengeance des mécréans qui l'employaient comme bête de trait, en les ensevelissant sous les ruines de l'édifice sous lequel ils étaient rassemblées, et qu'il implorait l'assistance de son Dieu pour *cette œuvre pie*, tout le monde se leva précipitamment et se pressa vers les sorties. Au premier instant j'attribuai cette fuite et l'empreinte d'inquiétude répandue sur toutes les figures à l'effet de la pièce, et je crus que chacun, l'imagination frappée, se prenait pour un Amalicite ou un Philistin, et se pressait d'échapper à la fureur de ce terrible déprépucé. Je m'en informai d'un voisin qui se disposait à suivre le mouvement général « *no senor*, me dit-il, en riant malgré la gravité castillane, je crains Samson moins que la poussière. » Mal m'en prit de n'avoir pas suivi les autres et d'avoir voulu comtempler le dernier exploit de ce haineux circoncis, car ce fils de Jacob ayant renversé les colonnes qui soutenaient le bâtiment, la chute des planches et le boulversement du théâtre occasionnèrent un telle nuage de poussière, amassée peut-être pour produire un effet plus ressemblant, que je fûs sur le point d'être suffoqué. Par bonheur j'étais resté presque seul dans la salle, et les portes étant libres, je gagnai à la hâte le grand air, où je me trouvai pendant quelques instans plus aveugle peut-être que ne le fût jamais ce maudit hébreux, et plus maltraité probablement par l'Espagnol qui le représentait, que jamais Philistin ne fût maltraité par lui-même.

La salle de S. Charles ou opéra Italien est fort grande et bien distribuée. J'y ai entendu de très-belles voix, entre autres celle de Mme Catalani, la première cantatrice peut-être du pays chantant d'Italie. Aux autres théâtres on joue des tragédies, comédies et farces lusitaniènes. Les premières ne m'ont pas paru meilleures que les pièces Espagnoles du genre desquelles elles se rapprochent beaucoup pour les sujets et l'intrigue. Lisbonne ne possédait alors aucun acteur d'une grande réputation dans le tragique; mais les Portugais, de même que les Italiens brillent généralement dans les bouffons et les bas comique, et j'ai vu chez eux des Potiers, des Brunets et des Tiercelins qui pouvaient rivaliser avec les nôtres.

J'ai lu une pièce Portugaise dans laquelle Jésus-Christ épouse Sainte-Catherine, et après une longue succession d'infortunes qui remplissent cinq actes, cette tendre et malheureuse épouse est décapitée (enceinte peut-être), et les anges emportent son corps au ciel en chantant un dolent *requiem*.

Dans une autre, Sainte-Ursule revenant d'un petit voyage sentimental en enfer, raconte qu'elle y a vu un diable colossal ouvrant une bouche énorme, et ayant le postérieur placé au dessus d'une immense fournaise dans laquelle il rendait les âmes des damnés qu'on lui jetait dans le gosier avec des fourches à mesure qu'elles arrivaient en enfer. Ailleurs c'est une autre sainte qui vient du paradis, but de promenade mieux choisi que le précédent à mon avis, et qui énumèrant les différens honneurs que l'on rend à chaque bienheureux, dit que toutes les fois que l'on prononce ici-bas le nom de S. Joseph, à l'instant tous les habitans de l'olympe chrétienne tirent leur feutre ou leur bonnet et font une profonde inclination. A l'honneur du sens commun et de la religion, on ne permet plus la représentation de pareille pièces.

Afin qu'on ne doute pas de ma véracité, je vais citer ici un passage des questions sur l'encyclopédie, qui se présente à mon appui.

«On représentait encore il y a quelques années sur le théâtre Espagnol, des pièces intitulées, actes sacramentaux. Jésus-Christ en perruque carrée et le diable en bonnet à deux cornes disputent sur la controverse, se battent à coups de poings et finissent par danser une sarabande. Plusieurs pièces de ce genre finissent par ces mots : *ite comedia est.* Les Espagnols ont conservé la détestable coutume d'introduire les plus basses bouffonneries dans les sujets les plus sérieux. Ils ont des tragi-comédies et même des comédies intitulées : la création du monde, les cheveux d'Absalon ; on a joué : le soleil soumis à l'homme, Dieu bon payeur, le maître d'hôtel de Dieu, etc., etc., et toutes ces pièces sont intitulées : la famosa comedia. »

Cet usage d'annoncer les pièces sur l'affiche dans les termes les plus pompeux subsiste toujours. Elles sont ordinairement désignées par : la superbe, l'incomparable, la divine tragédie ou comédie, etc.

La nation Portugaise cruelle par caractère, à pour les spectacles sanguinaires le même goût ou plutôt la même fureur qu'eût pour eux autrefois Rome corrompue. Les Portugais diraient volontiers comme les Romains d'alors : *panem et circenses.* Rien ne leur plaît autant que les combats de taureaux, spectacle qui fait gémir l'humanité, et auquel je n'ai jamais pu me résoudre à assister deux fois. Les femmes même, ce sexe sensible et compatissant dont l'âme devrait se révolter d'une pareille vue, partagent avec enthousiasme la passion nationale.

Un voyageur Anglais, témoin d'un de ces combats, et pénétré de l'horreur qu'ils m'inspirent, exprime son *spleen* en ces mots: « Si les femmes étaient conséquentes dans leurs actions, on aurait lieu de s'étonner qu'un sexe qui s'effraye et s'évanouit quelquefois à l'aspect imprévu d'une grenouille ou d'une arraignée, puisse prendre du plaisir à un spectacle aussi cruel, où l'on est certain d'avance de voir quantité de taureaux expirer dans des agonies horribles, des chevaux déchirés dont les entrailles traînent à terre, des hommes lancés en l'air par des cornes des taureaux et foulés aux pieds de ces animaux furieux. Cependant on les voit exprimer leur jouissance et redoubler les démonstrations de plaisir à mesure que le spectacle devient de plus en plus ensanglanté, frappant des mains et secouant leurs mouchoirs, poussant des cris même afin d'augmenter la fureur des taureaux.

Ce que tu dis là, honnête insulaire, avec plus de candeur que de galanterie est parfaitement juste et vrai; mais si tu veux que je sois complètement satisfait de toi, ajoute à ce tableau une petite philippique sur les combats de coqs en usage dans ton île enfumée; comprends y également ton pugilat maudit qui détache annuellement plus de trente millions de dents des rateliers britanniques, meubles si précieux pour vous et dont vous vous servez si bien. Empêche aussi tes Anglais qui se présentent chez nous farcis de sentimens libéraux, de vendre leurs propres enfans pour en faire des ramoneurs, car une moitié se casse le cou et l'autre meurt étouffée par la suie. Si ton éloquence réussit à réformer tes compatriotes sur ces articles, je t'excepterai de mon antipathie pour eux et tu deviendras mon ami.

Ce spectacle vraiment horrible le devenait davantage encore à mes yeux par la présence des femmes. En contemplant les transports de plaisir auxquels elles se livraient, lorsque ces pauvres animaux inondant l'arène de leur sang, faisaient retentir au loin des rugissemens affreux de douleur et de rage, il me semblait être au milieu des cannibales. L'époque d'une grande dépravation chez un peuple, doit remonter au temps où les hommes ont été chercher une jouissance barbare dans le spectacle de la douleur et la vue du sang.

Les Portugais seraient sans doute enchantés que l'on renouvellât les combats de gladiateurs; tout considéré donc, puisqu'il leur faut absolument du sang, encore vaut-il mieux sacrifier quelques taureaux à leurs plaisirs que d'y sacrifier des victimes humaines, ainsi que le pratiquaient jadis les Romains, et plus récemment la *sainte* inquisition.

CHAPITRE V.

Le tribunal de l'inquisition a beaucoup perdu depuis quelques temps de son pouvoir et de sa rigeur. Depuis plus de quarante ans, aucune personne n'a figuré dans un *auto da fe*. Cette rage persécutrice qui deshonorait les siècles passés s'est adoucie, et l'on n'est plus grillé pour attendre le Messie, et pour ne pas manger un bout de boudin ou une tranche de jambon. Que de crimes les chrétiens ne se seraient-ils pas épargnés s'il avaient dirigé leur conduite d'après les préceptes de quelques anciens Grecs et Romains, quelques payens qu'ils aient été.

« Sache, dit Epictète, que le principal fondement de la religion est d'avoir des idées saines et raisonnables des Dieux; de croire qu'ils existent, qu'ils gouvernent le monde avec autant de justice que de sagesse; d'être persuadé que tu dois leur obéir et te soumettre sans murmure à tous les événemens, comme étant produits par une intelligence infiniment sage. Avec cette idée des Dieux, tu ne pourras jamais te plaindre d'eux, ni les accuser de négligence à ton égard. »

Qui croirait qu'avec de pareils sentimens de la Divinité, Epictète eût été brûlé comme impie et blasphêmateur s'il eût paru en Portugal il y a un demi-siècle.

Quoique l'inquisition ait considérablement perdu de sa sévérité, le clergé conserve toujours malgré cela tout son pouvoir et toute son influence. Un Cherokis arrivant en Portugal, et voyant l'extrême vénération que l'on porte à la milice ecclésiastique prendrait certainement tous ces gros garçons, tonsurés, barbus et capuchonnés pour les Dieux du pays. Dans le fait, il ne serait pas fort éloigné de la vérité. Les suivre dans de longues processions, baiser leurs reliques, leur donner son argent et leur conter ses peccadilles, voilà à peu près en quoi consiste toute la religion des Portugais. Si la charité, l'oubli des injures, la franchise et la fidélité à ses engagemens entre dans les principes de leur loi, ces vertus du moins ne sont guères connues dans la pratique.

Les ministres de la religion semblent malheureusement moins attachés a inculquer dans les cœurs, la morale pure du christianisme, qu'à en imposer aux yeux, par la vaine pompe des cérémonies. C'est dans les processions surtout où se déploie une magnificence qui n'est égalée que par le ridicule qui s'y joint. On en fait en l'honneur d'une multitude de figurans du calendrier. Le saint qui fait son excursion est paré des plus riches ornemens, on le surcharge d'or, de perles et de pierres précieuses. Mille et mille flambeaux étincelans rendent sa chapelle éblouissante; la foule se presse vers le saint régnant, se signe, se tape la poitrine et se prosterne à ses pieds. Tandis que le saint du jour est ainsi comblé d'honneurs sans nombre, l'image de Jésus Christ, tristement délaissée, n'a pas même six pouces de bougie pour éclairer sa chapelle déserte. Pour Dieu le Père il ne jouit que d'une très-faible considération et ne joue qu'un rôle très-subalterne dans la religion des Portugais, la vierge et les saints emportent tous les hommages, les offrandes et les prières. On dirait qu'ils pensent que le Père Éternel tombé en enfance a été interdit et mis en tutelle par un conseil de famille; ou que trop élevé pour s'abaisser jusqu'à nous, il abandonne à ses valets ou ministres, divinités subalternes, le soin de nos affaires. Au fait, cette opinion a été celle de plusieurs philosophes de l'antiquité.

Le saint fait sa sortie, porté sur une espèce de palanquin, par six ou huit personnes, selon sa taille et son embonpoint ; ces porteurs sont couverts de masques et de dominos comme pour rapprocher encore d'avantage cette cérémonie d'une mascarade : Souvent ce sont des fidalgos, qui par l'ordre de leurs confesseurs, rachètent leurs vieux péchés par cette corvée, et qui veulent rester inconnus. On ne manque jamais de mettre près du saint l'animal qui lui est consacré, et l'on peut raisonnablement penser que cette coutume des chrétiens d'affecter une bête à leurs bienheureux est empruntée du paganisme. St.-Antoine le Portugais, a donc son corbeau sur le doigt, l'autre Antoine caresse son petit porc, St.-Marc est accompagné de son lion qui a la geule béante comme nos lions de fontaine publique, et St.-Roch a son chien comme Jupiter avait son aigle, Junon son paon, et l'aimable Vénus ses amoureuses colombes.

Le saint fêté est suivi d'une file de collègues des deux sexes, choisis parmi ceux qui ont été de ses amis sur la terre ou que l'on présume l'être devenus au ciel. On leur fait faire ainsi une promenade de quatre à cinq heures en lui chantant des litanies, musique assez peu mélodieuse, par parenthèse, pour des oreilles accoutumées aux concerts célestes. Lorsqu'on le suppose fatigué, ou plutôt lorsque les porteurs et psalmodieurs excédés veulent visiter le réfectoire, on rapporte le saint dans sa niche; le lendemain il est inhumainement dépouillé de tous ses ornemens, on éteint ses bougies, on en fête un autre, et le pauvre malheureux reste aussi abandonné qu'un roi détrôné.

Si le Portugais est prodigue d'honneurs et de dons envers ses saints, il en exige, comme de raison, de la reconnaissance et des égards. Un individu caché sous la statue par des tapis qui tombent à terre des quatres côtés du brancard lui fait mouvoir la tête par des ressorts du haut en bas et de droite et de gauche, de sorte qu'elle salue la foule de tous côtés avec une royale affabilité, comme tout saint honnête et bien élevé doit le faire.

Ne dirait-on pas en voyant de semblables jongleries et mille autres pratiqués plus folles encore, que les prêtres du pays prennent à tâche de jeter du ridicule sur la religion chrétienne.

M. le duc du Châtelet rapporte dans son voyage du Portugal, que lors de la guerre de la succession d'Espagne, les troupes Portugaises qui suivaient le parti de l'archiduc, n'ayant point de chef et désirant en avoir un qui fut Portugais, imaginèrent d'élire pour leur général le St-Antoine au corbeau, né à Lisbonne, et leur patron. Le roi dom Pedre lui en expédia la commission avec 300,000 réis d'appointemens. Voilà donc l'adversaire qu'eut à combattre le duc de Vendôme pour placer le petit-fils de Louis XIV sur le trône d'Espagne ; je ne saurais décider s'il est criminel ou glorieux de l'avoir emporté sur lui. Ce saint est encore général de l'armée, et tous les ans, le veille de sa fête, le roi va l'attendre à son église et porte avec lui la pension de cet illustre général. A son passage tout le monde se prosterne, et dans cette effigie de bois, adore le premier protecteur du Portugal.

Donner trois cent mille réis à un paisible habitant du ciel pour commander les armées Portugaises! En vérité si l'on mettait les rois aux petites maisons, on conviendra avec moi que M. dom Pedre méritait bien d'y faire un petit voyage.

CHAPITRE VI.

Les soldats Portugais sont à peine vêtus et nourris; je n'ai vu que deux corps à Lisbonne qui fussent bien tenus : la garde royale de police et la légion Da Lorna. Tous les autres régimens d'infanterie avaient plutôt l'air d'un ramas de mendians que d'une troupe militaire. La plus grande partie de ces malheureux soldats n'ont pas de souliers, et à peine leur reste-t-il quelquefois sur le corps quelques lambeaux de drap qui semblent avoir appartenu jadis à un uniforme. Ils sont maigres, chétifs, rabougris et défaits; les moines et les prêtres, au contraire, sont dodus et fleuris, ils marchent la tête haute, le jaret tendu; ces derniers portent des chapeaux à trois cornes, à larges bords et retapés à peu près à la militaire, ce qui leur donne une mine tout-à-fait gaillarde et grenadière; aussi un étranger arrivant à Lisbonne, et voyant tous ces soldats d'un Dieu de paix *arpenter* les cafés *d'un air fier-à-bras*, pourrait s'y tromper, et prendre le prêtre et le moine pour le soldat guerroyant, et le véritable soldat pour le ministre du fils pacifique de Marie. Au moral, la même différence se présente; les premiers prêchent l'humilité, la pauvreté, le pardon des injures, et bon gré, malgré, le militaire pratique ces vertus. Officiers et soldats prouvent leur pauvreté et leur humilité, en demandant la caristade, et témoignent leur charité chrétienne en pardonnant maintes et maintes avanies. Les autres au contraire regorgent de richesses, et l'on a de nombreux exemples que la vertu du pardon n'est pas leur vertu favorite : on les a vu prouver aussi dans l'occasion que le courage et la résolution, ces qualités militaires, ne leur manquent pas non plus au besoin, et que sur cet article, comme sur les autres, les soldats ne sont encore que des moines auprès d'eux. Rendons justice au clergé français, c'est vraiment celui de tous les pays catholiques qui conserve la dignité et la décence convenable à son état.

On m'a raconté une petite aventure arrivée à M. F.., Ecossais, lieutenant alors au service de Portugal où il est devenu depuis lieutenant-général, qui vient à l'appui de ce que j'avance sur le courage des moines Lusitaniens. Se promenant un jour avec quelques jeunes officiers de ses camarades, il aperçut un moine à la fenêtre d'une maison mal famée où le saint homme était entré, soit pour en ramener les habitantes à la vertu, soit peut-être pour y perdre la sienne, s'il est permis d'admettre une telle conjecture. Jeune alors, et assez mauvaise tête, M. F.... entre dans cette maison en disant à sa compagnie de l'attendre dans la rue et qu'il va leur donner le plaisant spectacle du moine passant par la croisée. Parvenu dans la chambre où *prêchait* le faquir, il ferme la porte à la clé, tire l'épée, et lui montrant la fenêtre, il lui enjoint d'enjamber ce passage inusité en observant amicalement qu'elle est assez basse pour qu'il puisse sauter dans la rue sans aucun risque. A ces douces paroles, le penaillon tire deux pistolets de dessous sa jupe, met le trouble-fête en joue, et sans témoigner la moindre frayeur, lui retorque son argument. L'homme au cordon était résolu; M. F..... convaincu que le moine, sûr de l'impunité, ne se ferait nul scupule de lui casser la tête, veut parlementer et propose une capitulation, mais l'autre refuse tout accommodement et jure que s'il ne saute pas par la fenêtre à l'instant même, il lui brule la cervelle. M. F..., ne voyant ni honneur ni profit à se faire tuer ou estropier par un moine, prit le parti de filer doux; rengainant donc sa rapière, il évacua l'appartement par cette fatale fenêtre qui heureusement n'était pas assez élevée pour causer une chute dangereuse, mais non sans donner lieu aux ris et aux sarcasmes de ses camarades qui, pour son malheur, se rappelèrent vraisemblablement long-temps de l'aventure.

J'ai toujours vu les militaires très-assidus aux exercices religieux, et je suis persuadé que le plus grand nombre d'entre eux est plus croyant que ceux qui les font croire. J'ai même entendu souvent sortir de la bouche des prêtres et des moines des propos fort lestes sur la religion et qui sentaient même un peu quelquefois l'incrédulité.

Le prêtre chargé de faire voir les curiosités de l'église cathédrale de Lisbonne me fit remarquer une pierre sur laquelle on voit l'empreinte du pied de St.-Antoine, qui s'y grava, dit l'histoire, un jour que le digne homme prit son élan sur elle pour faire un bond de quarante lieues, dans l'intention de disputer au diable l'âme d'un de ses amis mourant, dont Belzébuth se disposait à s'emparer. Le prêtre explicateur, me regardant en souriant, me demanda ce que je pensais de ce coup de force; en bon chrétien et en homme paisible qui ne voulais point me faire de mauvaises querelles, je répondis sans hésiter, que je ne mettais nullement ce miracle en doute, et que notre martyrologe français nous en offrait un grand nombre d'une exécution beaucoup plus difficile. Ma foi, me répondit-il, croyez-le si bon vous semble, mais que le diable m'emporte si j'en crois rien moi-même. Il est certain qu'on voit sur cette pierre l'empreinte bien marquée d'un pied humain, mais est-ce piedde saint ou œuvre de main d'homme, *c'est ce que je ne me permettrai pas de décider.*

Le Portugais posséde néanmoins des qualités qui le rendent susceptible de devenir bon soldat; il est sobre, soumis, patient et supporte parfaitement les privations et la fatigue; mais le manque de discipline, d'instruction et la null té complète des officiers rendent ces qualités inutiles. La plupart de ces officiers vivent de la manière la plus crapuleuse, aucune bassesse ne les effraie : pour tout dire, en un mot, on en a vu mettre à profit l'obscurité de la nuit pour demander l'aumône. Le voyageur que j'ai déjà cité, dit que le comte de la Lippe (Autrefois général de l'armée Portugaise), voyant la manière ignominieuse dont ils se traitaient entr'eux, crut remédier à ce mal en déclarant indigne de servir quiconque refuserait de donner satisfaction d'une injure ou refuserait de la demander en s'autorisant de la religion. Le résultat de cette mesure fut le renvoi d'un grand nombre d'officiers, et personne ne se battit.

Un duel est, pour ainsi dire, une chose inouie dans le pays, et il y a bien peu d'exemples qu'il y en ait eu entre deux Portugais. La religion ne les empêche point d'assassiner, d'empoisonner, de *jésuitiquer;* mais elle leur défend de se battre.

Je suis fort éloigné de faire l'apologie du duel, plût à Dieu qu'il n'y en eût jamais eu sur la terre, c'est-à-dire, que d'après nos préjugés, il n'eut jamais existé parmi les hommes de raisons d'en avoir. Cependant d'après l'état actuel des choses dans ce monde corrompu, et parmi les militaires surtout où l'ombre seule d'une insulte est un déshonneur, je regarde cette coutume barbare comme un mal nécessaire. En dépit de tous les préceptes de la religion et de la morale, le cœur humain ne pardonne guère : il est à remarquer que les pays où l'on se bat le plus souvent sont ceux où l'on assassine le moins. Entre deux maux choisissons donc le moindre, et puisqu'il faut absolument tirer vengeance d'une injure, vengeons-nous plutôt par un combat singulier comme les Français que par le meurtre et le poison, comme le font souvent les Portugais, les Espagnols et les Italiens.

CHAPITRE VII.

Il existe deux ordres de chevalerie en Portugal. Le premier est celui du Christ institué en 1283 par Denys, sixième roi du Portugal; l'autre est celui d'Avis, créé en 1147, par Alphonse, qui régna le premier sur cette contrée. Ces ordres sont prostitués et entièrement tombés dans la boue: marchands, cabaretiers, maîtres de billard et jusqu'à des valets en sont aujourd'hui décorés.

La campagne des environs de Lisbonne est charmante et présente les sites les plus variés. La nature prodigue de ses faveurs y a réuni tout ce qui peut flatter les sens. Cette contrée délicieuse est couverte de bois d'oliviers, de citronniers et d'orangers entrecoupés de vignes dont les grappes sont presqu'aussi pesantes que celles du pays de Canaan, et de quelques terres semées de froment et de blé de Turquie; plusieurs collines pierreuses et incultes qui les environnent, ajoutent encore par le contraste à la beauté du coup-d'œil.

Il ne fait presque point de froid à Lisbonne:

l'hiver se passe en pluie ; elle y tombe souvent par torrens et dure quelquefois quatre à cinq mois consécutifs. Souvent ensuite une sécheresse absolue régne pendant les autres mois de l'année. Vers la fin de février 1806, il y tomba quelques flocons de neige, ce qui ne s'était pas vu, me dit-on, depuis plusieurs années ; elle fondait en touchant la terre. La chaleur y est communément excessive en été ; mais quelquefois il s'élève tout à coup au milieu du jour le plus chaud, un vent très frais. Cette variation subite dans l'atmosphère cause des rhumes et occasionne des constipations aux habitans : aussi ne les entend-on parler que de ces maux fâcheux. Je ne pouvais souvent m'empêcher de rire en voyant des petits-maîtres du pays converser de la rue, sur cet intéressant sujet, avec des dames appuyées sur leurs croisées : les uns se plaignant d'être horriblement constipés, et d'autres qui éprouvaient du mieux, s'écriant en levant les yeux au ciel et se tatant le ventre, que *gracias a dios* les choses commençaient à reprendre leur cours naturel.

C'est à environ une demi-lieue de la ville, dans la vallée d'Alcantara que s'élève ce fameux aqueduc qui fournit Lisbonne d'eau. De nombreuses fontaines l'y reçoivent d'où les *gallegos* (1) la portent

---

(1) Les *gallegos* sont des natifs de la province de Gallice en Espagne qui viennent par milliers chercher fortune à Lis-

dans les maisons. Cet aqueduc a trente-deux arches qui joignent deux montagnes dans un espace de plus d'une demi-lieue. La plus grande a deux cents quarante-neuf pieds de largeur sur trois cents trente-deux de hauteur. De dessus cet arche un homme ne paraît vraiment qu'un fort petit animal dans la vallée. Philosophes, dites-moi ce que sont les rois et les grands d'ici bas aux yeux de l'Eternel habitant d'en haut. Cet ouvrage digne d'admiration a été construit en 1748; il ne fut nullement endommagé par le tremblement de terre de 1755.

La cour habitait rarement la capitale; elle se tenait ordinairement au palais de Mafra, situé à six lieues de Lisbonne, ou au château de Queluz qui en est distant de trois. Cette cour faisait si peu de sensation dans la ville que les habitans s'apercevaient à peine si elle y résidait ou non. Ses équipages de même que ceux des particuliers sont on ne peut plus mesquins, et en général la ville n'offre que peu de luxe extérieur.

Belem possède aussi un château royal peu considérable par lui-même, mais dont le jardin mérite d'être vu. Il s'y trouve une ménagerie et une volière curieuse par la diversité et le nombre d'ani-

---

bonne. Ils y font le métier de porteurs d'eau, de porte-faix et de commissionnaires. On les dit d'une fidélité à toute épreuve.

maux et d'oiseaux étrangers qu'elle renferme. Il y a encore à Belem un autre jardin royal rempli d'arbres et de plantes exotiques des plus rares.

Un couvent de Lisbonne contient un muséum qui offre une très-belle collection d'objets d'histoire naturelle. On y conserve des armes indiennes rapportées par les Portugais lors de leurs premières découvertes en Amérique et dans les Indes, de même que des casques, des manteaux de plumes et d'autres ouvrages monumens curieux de l'adresse des Américains.

On trouve à six lieues de la capitale une très-haute montagne appelée Cabo de Penha, sur laquelle s'élève un couvent de moines nommé Cintra. C'est là que le prince, actuellement régnant, prenait souvent un innocent plaisir à chanter au lutrin, ce dont il s'acquittait, dit-on, de manière à faire honte aux pénaillons du lieu. Il existe aussi sur cette montagne un village du même nom que le couvent, nom que plusieurs étymologistes et entre autre Udal ap-Rhuys font dériver de Cynthia surnom de Diane. Ils avancent à l'appui qu'il y avait jadis en cet endroit un temple païen nommé *templum lunœ*. Au surplus que ce temple ait existé ou non, que les païens y aient chanté des hymnes en l'honneur de Diane ou de Vénus, peu m'importe, il me suffit pour que ce lieu devienne l'objet de ma plus haute vénération, de savoir qu'un des plus honnêtes et des plus dignes princes chrétiens y a chanté le *stabat mater* en l'honneur de la Vierge et le *credo* à la gloire de son fils.

La hauteur de cette montagne, ses abîmes profonds, ses flancs sillonnés par les torrens, ses rochers couronnés d'arbres antiques et majestueux, tout donne à cet endroit l'aspect le plus imposant et fait du couvent le séjour le plus agréable et le plus romantique.

CHAPITRE VIII.

Voila Lisbonne et les habitans du Portugal tels qu'ils se sont offerts à mes yeux, il y a environ treize ans. Doit-on imputer à une nature plus perverse que celles des autres hommes, les vices dont j'accuse les Portugais? Non; les peuples sont ce que les gouvernemens les font. L'odieuse tyrannie traîne à sa suite la cruauté, la perfidie, l'hypocrisie, la bassesse et la misère. Courbé depuis des siècles sous la verge du despotisme, en butte dans sa personne et ses propriétés aux vexations les plus arbitraires, poursuivi par la persécution religieuse et familiarisé avec les exécutions barbares que lui offrait l'inquisition, et auxquels on peut raisonnablement attribuer son penchant actuel pour les spectacles sanguinaires, est-il étonnant que le peuple portugais ait perdu les vertus de ses ancêtres. Une grande révolution s'opère en ce moment dans le pays, et si comme on est fondé à le croire une liberté sage s'établit sur les ruines du système oppresseur et du monarchisme sous lequel il gémissait, il en résultera certainement le changement le plus avantageux dans l'esprit, les habitudes et les mœurs de la nation.

Pourquoi faut-il hélas, que les excès de l'anarchie accompagne si souvent les premiers efforts des peuples pour s'affranchir de leurs fers? Le tableau le plus dangereux pour la terre est celui des malheurs d'une nation libre ou qui veut le devenir; il ôte aux tyrans leurs remords, prête la force et l'autorité de la raison aux vils sophismes des écrivains mercenaires, et rend impuissantes les réclamations des malheureux et des sages.

Je serais entré dans des détails plus étendus, si M. du Châtelet et d'autres voyageurs, observateurs plus profonds que moi, avaient laissé quelque chose à désirer sur les objets relatifs aux lois et à l'économie politique et intérieure du royaume. Je me suis donc contenté de donner ici un aperçu succint sur cette contrée, extrait d'un ouvrage plus étendu que j'avais entrepris. Mais quelque superficiel qu'il soit, j'ai pensé qu'en ce moment où tous les regards sont fixés sur la nation portugaise, il pourrait néanmoins offrir quelque aliment à la curiosité du lecteur.

FIN.

Impe. de Mad. JEUNEHOMME-CREMIÈRE, rue Hautefeuille.

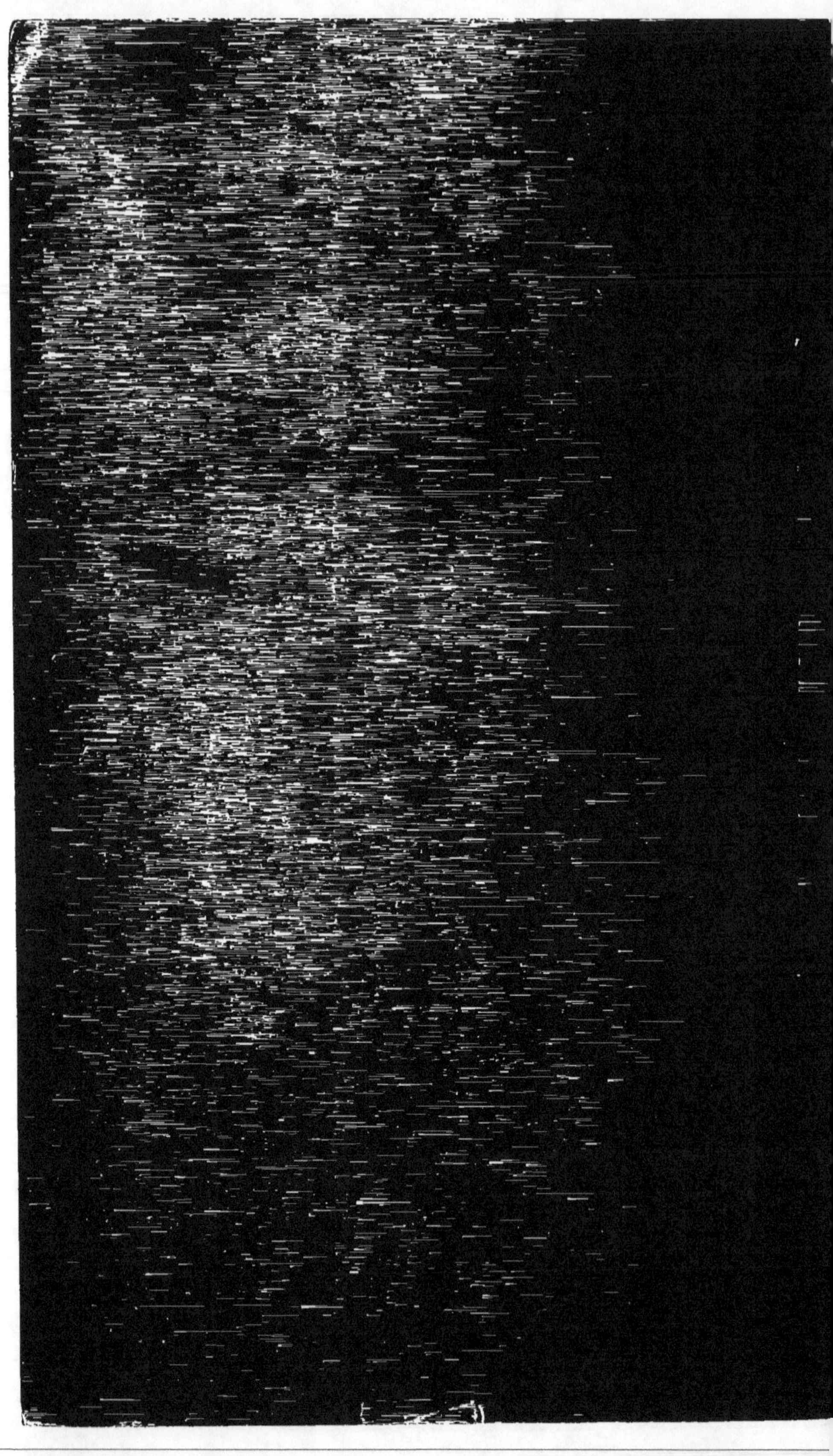

www.ingramcontent.com/pod-product-compliance
Lightning Source LLC
LaVergne TN
LVHW010102230826
846091LV00005B/2056

* 9 7 8 2 0 1 3 3 7 2 8 0 0 *